글 이서윤

16년 차 현직 초등 교사이자 EBS 공채 강사, 대한민국을 대표하는 최고의
초등 교육 멘토입니다. 다수의 교육 방송 출연, 블로그, 강연에서 초등학생 자녀를 둔
부모들과 지속적으로 소통해 오고 있습니다. 교육 현장에서 오랜 기간 재직하며
얻은 교육 노하우는 어린이와 부모님 모두에게 호평을 받고 있습니다.
지금도 자녀교육과 학교생활 고민 등에서 어린이와 학부모의 마음을 헤아리며 부담을
줄이고 학교가 즐거워질 수 있는 지혜를 나누고자 노력하고 있습니다.

지은 책 : 『이서윤의 초등 방학공부 처방전』, 『이서윤 쌤의 초등한자어휘 일력』,
　　　　 『 7~9세 독립보다 중요한 것은 없습니다』, , 『수상한 고물상, 행복을 팝니다』,
　　　　 『초등 5학년, 국어 어휘력을 잡아라』 외 다수

*자녀 교육 유튜브: 이서윤의 초등생활처방전
*초등학생 국어공부 유튜브 : 국어쩸
*인스타: @happyingwoman

그림 김유신

경복궁의 영제교에서 메롱 서수를 만난 뒤 혀를 내민 귀여운 '메롱해치' 캐릭터를
그려 많은 사랑을 받았어요. 메롱해치를 통해 우리 역사와 전통에 많은 분이 관심을 갖고
즐거워하기를 바라며 전통문화와 관련해 책, 애니메이션, 웹툰, 인스타 툰,
스토리가 있는 캐릭터 상품 등으로 활발히 활동하고 있어요. 초등학교에 진로 특강
강사로 다니던 작가님은 학교에서 이런저런 부분을 어려워하는 학생들을 많이 보았어요.
어렸을 때의 경험을 떠올리고 공감하면서 이번 만화와 그림을 그렸습니다.
우리 1학년들이 새로운 곳에서도 늘 씩씩하게 나아갈 수 있기를 응원하고 있어요.

지은 책 : 『경복궁의 메롱해치』, 『메롱해치의 우리 문화 숨은 그림 찾기』

〈초등생활처방〉 이서윤 쌤의 당당 초등학생 일기

최강 1학년

〈초등생활처방〉 이서윤 쌤의 당당 초등학생 일기

최강 1학년

펴낸날 초판 1쇄 2025년 2월 14일
글쓴이 이서윤
그린이 김유신

펴낸이 이주애, 홍영완
편집장 최혜리
월북주니어 이은일, 한수정, 김혜민
편집 김하영, 박효주, 강민우, 홍은비, 안형욱, 김혜원, 최서영, 송현근, 이소연
디자인 김주연, 기조숙, 윤소정, 박정원, 박소현
홍보마케팅 박영채, 김태윤, 김준영, 백지혜
콘텐츠 양혜영, 이태은, 조유진
해외기획 정미현, 정수림
경영지원 박소현

펴낸곳 (주)윌북 **출판등록** 제2006-000017호
주소 10881 경기도 파주시 광인사길 217
전화 031-955-3777 **팩스** 031-955-3778
홈페이지 willbookspub.com
블로그 blog.naver.com/willbooks
트위터 @onwillbooks **인스타그램** @willbooks_pub | @willbooks_jr

ISBN 979-11-5581-796-4 (73370)

ⓒ 2025 이서윤, 김유신

  월북주니어는
월북의 어린이책 브랜드입니다

<초등생활처방전> 이서윤 쌤의 당당 초등학생 일기

최강 1학년

내가 알아서 할게!

이 서 윤 글
김 유 신 그림

윌북 주니어

안녕, 친구들. 나는 이서윤 선생님이야.

선생님은 학교에서 초등학생 친구들을 가르치고 있어. 곧 초등학생이 될 우리 친구들 모두 환영해. 학교에 가면 무슨 일이 생길까 궁금하지 않니? '초등학교'라는 곳에 처음 가니 어쩐지 걱정스럽다고?

처음 초등학교에 온 친구들은 어떤 일을 겪을까? 재미있는 일들만 가득하면 좋겠지만, 여러분이 생각하지 못한 일들이 여기저기에서 무궁무진하게 벌어진단다. 그 일 모두를 여러분 스스로 해결해야 하다 보니 어떻게 해야 할지 몰라 허둥대기 마련이지. 그런 여러분을 위해 리아와 준이가 학교에서 겪은 시끌벅적한 이야기를 들려준대. 벌어진 사건들을 하나씩 읽고 나면 이렇게 생각할지도 모르겠어.

'아, 초등학교에 가면 이런 일이 생길 수 있구나. 이런 일들이 나한테는 안 일어났으면 좋겠는데.'

두 주인공 리아와 준이는 엄청난 일을 겪기도 하지만 똑똑하게 학교생활을 해 나가는 모습을 보여 줘. 두 친구를 잘 지켜보면 '어라? 별거 생각보다 별거 아니잖아? 나라면 이렇게 할 거야!'라고 자신감이 생길 거야. 물론 선생님도 여러분을 충분히 도와줄 테고 말이야.

물론 이 책을 읽고 학교에 가도 어려움은 있을 수 있어. 하지만 미리 읽어 본 내용을 떠올리면 훨씬 힘이 되고 든든할 거야.

두 친구에게 어떤 일이 있었는지 빨리 보고 싶니? 선생님과 지금부터 살펴보러 가지 않을래? 이 책을 다 읽은 뒤에는 어서 학교에 가고 싶어 견딜 수 없을지도 몰라. 여러분의 즐거운 초등 생활을 선생님이 언제나 응원할게!

– 이서윤 선생님

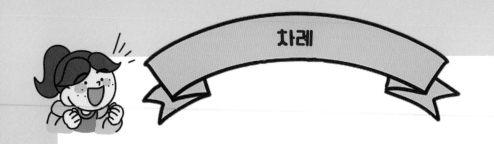

차례

친구들, 자기소개 해 볼까?

안녕. 난 리아.
친구들이랑 재잘재잘
수다 떨고 여기저기
돌아다니는 걸
무지 좋아해
이번에 내가 초등학교에
들어간대!
학교는 대체 어떤 곳이려나?
궁금해서 몸이 근질거린다니까?
학교에서 재밌게 지내는 모습을
이 리아 님이
보여 줄 테니
기대하라고!

아, 안녕.
내 이름은 준이야.
어……

집 말고 학교에
처음 가게 됐는데
엄마도, 아는 친구도
없어서 많이 걱정돼.
학교에서는 뭐든지 혼자
해야 한다는데 어쩌지?
조용히, 가만히 있는 걸
좋아하는데 나 잘할 수
있을까? 지금도
너무 떨려. 으아아~

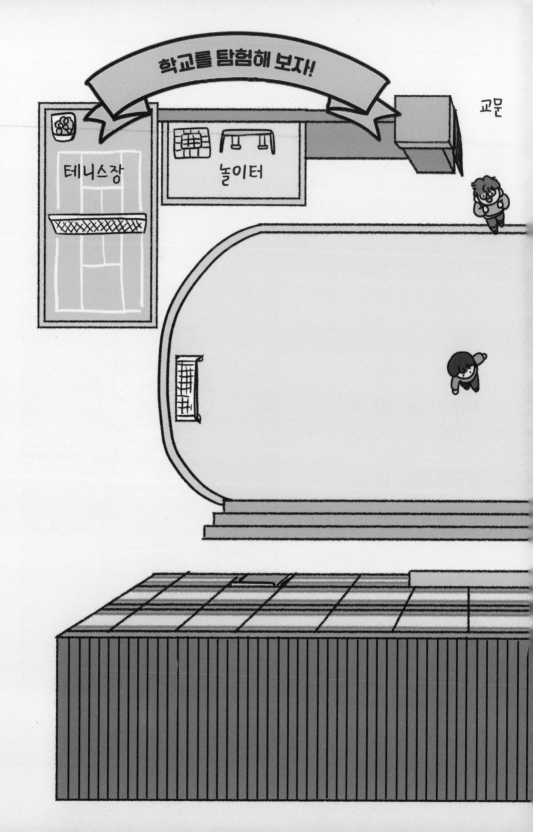

학교를 탐험해 보자!

3층	5학년 1반	5학년 2반	5학년 3반	5학년 4반	4학년 1반	4학년 2반	계단	4학년 3반	4학년
2층	1학년 3반	1학년 4반	컴퓨터실	과학실	3학년 1반	3학년 2반		3학년 3반	3학년
1층	1학년 1반	1학년 2반	돌봄교실	방송실	보건실			준비물실	교무

입구

컴퓨터실 : 학교에서 컴퓨터를 배울 수 있는 곳이야.

과학실 : 학교에서 과학 실험과 활동을 해 볼 수 있는 곳이야.

돌봄교실 : 학교 수업이 끝난 뒤 이루어지는 재미난 활동이 진행돼.

방송실 : 입학식, 졸업식, 방학식, 개학식, 문화제 등 다양한 학교 행사 방송을 맡는 곳이야.

보건실 : 학교생활을 하다가 몸이 아플 때 들러야 하는 곳이야.
간단한 상처와 병을 치료할 약을 갖추고 있어.

준비물실 : 반에서 공부할 때 필요한 학습 자료와 도구가 있는 곳이야.
선생님이나 아이들이 와서 학습 자료와 도구를 빌려 가고 돌려놓지.

14

어떤 시설이 어디에 있는지는 학교마다 다를 수 있어.

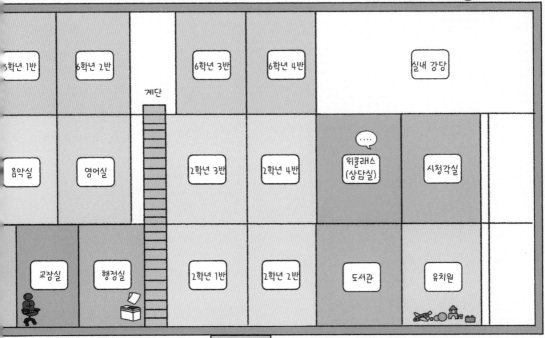

3학년 1반	6학년 2반	계단	6학년 3반	6학년 4반	실내 강당	
음악실	영어실		2학년 3반	2학년 4반	위클래스 (상담실)	시청각실
교장실	행정실		2학년 1반	2학년 2반	도서관	유치원

입구

음악실 : 여러 악기를 다루고 노래하고 들으며 음악을 실제로 해 보는 곳이야.

영어실 : 여러 자료와 학습 도구로 생생한 영어 듣기, 말하기 수업을 하는 곳이야.

실내 강당 : 학교에서 여러 행사나 실내 운동을 하는 곳이야. 비가 올 때 수업하기 정말 좋은 곳이지.

위클래스(상담실) : 학교생활을 하면서 느낀 고민이나 어려움을 선생님과 이야기하며 해결할 수 있는 곳이야.

시청각실 : 어떤 자료 화면이나 영화 등을 볼 수 있는 곳이야.

도서관 : 공부나 교육에 필요한 책들이 가득해. 이곳에서 보고 싶은 책을 볼 수 있어.

유치원 : 곧 초등학교에 들어올 아이들이 다니는 유치원이야. 놀이를 하면서 공부하고 학교 적응도 쉽게 할 수 있어.

첫째 날, 으악, 여긴 어디야?

우리 리아, 학교에서도 잘할 수 있지?

당연하죠! 멋지게 다녀올게요!

아자 아자!

난 멋쟁이니까!!!

척척 척!

학교는 미로

2020○년 ○월 ○일 월요일

오늘은 처음 학교에 온 날이다.

여기도 저기도 다 우리 반 같다.

내가 못 찾게 우리 반이 숨은 그림처럼 꼭꼭 숨었나?

더는 못 찾겠어서 지나가는 키 큰 언니를 불렀다.

언니가 우리 반을 알았으면 좋겠다.

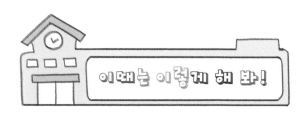

1 선생님이 알려 주시는
교실 위치를 잘 알아 두자!

우리교실
위치는—

2 길을 잃었으면 지나가는 선생님,
언니, 오빠, 형, 누나에게 물어봐.

오빠,
1학년 3반
어디야?

3 복도에 아무도 없다면 바로
보이는 가까운 교실에 들어가자.

선생님이
계시겠지?

빼
꼼?

4 거기 계신 선생님께 여쭤봐.

1학년 3반에
어떻게 가요?

이러면
100점!

○ 반 교실이 어디 있는지 선생님 설명을 잘 듣자.
○ 길을 잃어도 당황하지 말고 침착해야 해.
○ 주변에 나를 도와줄 사람들이 있어.

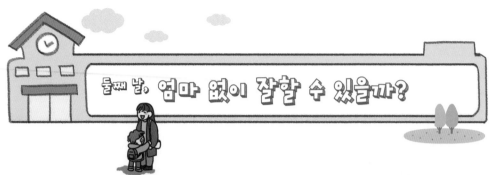

둘째 날, 엄마 없이 잘할 수 있을까?

눈물이 줄줄 우리 반은 수족관

2020년 ○월 ○일 화요일

엄마가 나를 학교에 두고 갔다. 선생님은 엄마처럼 안 생겼고,

친구들도 공룡처럼 무서웠다. 그래서 눈물이 났다.

내가 우니까 반이 물고기 수족관처럼 됐다.

울고 있는데 누가 나를 엄마라고 부른다.

근데 내 이름 엄마 아닌데. 준이인데.

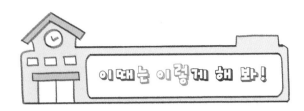

1 학교가 처음이라 낯설겠지만
진정하고 눈물 뚝~

2 주변의 친구들과 선생님이 나를
도와줄 거야.

3 학교는 색다른 경험을 할 수 있는
곳이라고 생각을 바꿔 봐.

 **이러면
100점!**

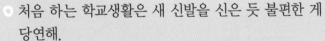

- 처음 하는 학교생활은 새 신발을 신은 듯 불편한 게
  당연해.
- 지내다 보면 학교도 놀이터처럼 편해질 거야.
- 학교생활을 잘하면 엄마, 아빠도 기뻐하실걸?

27

우리 선생님이 무서워

2020○년 ○월 ○일 수요일

선생님은 하지 마라, 골라 먹지 마라,

무조건 안 된다고 무섭게 혼내기만 한다.

그런데 어떨 때는 또 다르시다.

무서운 사자 선생님인 줄 알았는데 사실은 고양이였다!

혼낼 때는 으르렁, 칭찬할 때는 야옹야옹 하신다.

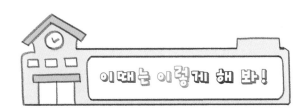

이때는 이렇게 해 봐!

① 선생님의 "안 돼"는 이유가 있어.

② 우리가 꼭 배워야 할 규칙을 가르쳐 주셔야 하거든.

이 규칙은 꼭 지켜야 해요!

③ 학교에서도 규칙을 잘 지키는지 언제나 지켜보시지.

너희를 늘 보고 있어.

④ 쉬는 시간에 말을 걸어 봐. 천사같은 선생님을 만날 수 있어.

 이러면 100점!

- 우리가 다르듯 선생님들도 저마다 성향이 다르셔.
- 엄하게 가르쳐 주신 규칙은 그만큼 잘 지키게 되더라고!
- 선생님이 어렵다면 이렇게 솔직히 말씀드릴래.
  "저 선생님이 너무 무서워요."

넷째 날, 바지에 똥을 지렸어

오늘
잘할 수 있을까?

이, 이상하게
왜 배가 아프지?
으, 괜찮을 거야.

나야!

오늘 나는 똥쟁이

2020년 ○월 ○일 목요일

아침부터 배에서 천둥이 쳤다.

반에서 자기소개를 할 때도 배가 아팠다.

친구들 앞에서 소개해야 하는데. 갑자기 똥이 나와 버렸다.

"준이는 자기가 아니라 똥 소개를 했대요!"

그래서 나는 똥쟁이가 되었다.

32

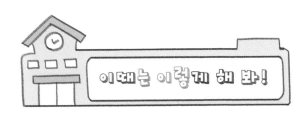

1 먼저 "선생님"을 부르자! 창피하다면 선생님께 귓속말로 소곤소곤!

2 선생님 말씀에 따라 화장실에서 스스로 깨끗하게 몸 씻기

3 미리 가져다 둔 깨끗한 체육복이 있다면 갈아입기!

4 선생님께 다른 옷을 빌릴 수 있을지도 몰라.

학교에 다른 옷을 가져다 두길 잘했어.

다행히 교실에 다른 옷이 있었네!

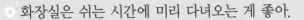

이러면 100점!
- 화장실은 쉬는 시간에 미리 다녀오는 게 좋아.
- 수업 시간에 급하다면 허락받고 화장실에 가면 돼.
- 친구들이 놀릴까 봐 참으면 안 돼!
- 필요하다면 선생님께서 집에 연락해 주실 거야.

33

쉬야 실수, 어떡하지?

화장실에 가서 쉬를 하다가 바지에 묻히는 친구들도 많아. 바지에 쉬가 아주 조금 묻었다면 살짝 말리고 집에 가서 갈아입으면 돼. 너무 많이 묻은 걸로 친구들이 짓궂게 "너 오줌 쌌어?" 물어본다면 아무렇지 않은 듯 센스 있게 맞받아쳐 보자. 나중에 선생님께만 살짝 말씀드리고 깨끗한 다른 옷으로 갈아입으면 되겠지?

손 씻다가
물 흘린 거야.

운동장에서의 오줌 신호는 어퍼지?

즐거운 체육 시간에 운동장에 나오면 갑자기 화장실에 가고 싶을 때가 있지? 그럴 때는 수업 시간에 한 것처럼 손을 번쩍 들고 선생님께 말씀드리는 거야. 가장 가까운 화장실은 1층 현관 근처에 있으니 잘 찾아봐. 화장실이 있는 곳을 모르거나 혼자 가기 무섭다면 선생님께 허락을 받고 친구와 다녀오면 돼.

선생님,
혼자 가기 무서운데
친구랑 같이
다녀와도 돼요?

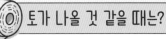

토가 나올 것 같을 때는?

속이 울렁울렁, 갑자기 욱, 토해 본 적 있는 친구 손! 입에서 냄새도 나고 옷도 엉망인 데다 친구들도 놀라면서 피하기만 해. 이럴 때는 선생님께 바로 말씀드리는 게 좋겠어. 토하고 나면 힘들고 어지러울 수 있으니 바닥이나 의자에서 잠시 쉬어야 해. 너무 안 좋으면 바로 보건실에 갈 것!

선생님,
저 방금 토했어요.

토한 다음에는?

몸에 묻은 토는 화장실에 가서 휴지로 잘 닦아야 해. 입과 코도 물로 깨끗이 씻고 이를 닦으면 토 냄새가 사라질 거야. 손에 묻은 세균이 퍼지지 않도록 비누로 꼼꼼하게 씻어야 해. 그다음 깨끗한 다른 옷으로 갈아입으면 되겠지? 바닥에 흘린 토는 휴지로 치우고 대걸레로 닦으면 돼. 이때 선생님께서 친절히 알려 주시고 도와주실 거야.

토 냄새야, 사라져라~
치약 묻힌 칫솔로
치카치카!

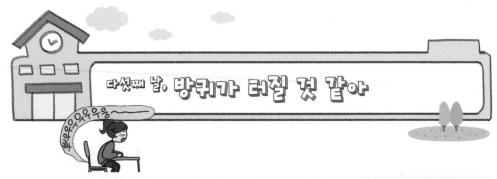

다섯째 날, 방귀가 터질 것 같아

배 속이 부글부글

2020년 ○월 ○일 금요일

수업 시간에 배가 풍선처럼 빵빵해졌다.

뭔가 나올 것 같아 꾹 참았는데, 뿡! 방귀가 터졌다.

친구들이 웃는데 선생님도 웃으신 것 같다.

나쁜 방귀! 나는 창피했지만 교실에 웃음꽃이 폈다.

근데 왜 방귀는 안 참아질까?

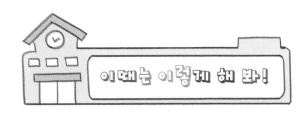

1 여러 사람이 있는 곳이라면 **한번 참아 봐.**

참아도 다시 뀌고 싶어져.

2 참았는데 다시 신호가 왔다면 **손 번쩍!**

선생님! 화장실 다녀오고 싶어요!

3 화장실에서 시원하게 방귀 녀석 내보내기!

안 나오면 똥을 누듯 배에 힘을 줘 봐!

뽀옹~

4 교실에서 뀌어 버렸다면? **재치 있게 넘겨야지~**

미안~ 너희가 뀔때 모른척 해 줄게!

 이러면 100점!

- 방귀를 뀌고 싶은 건 부끄러운 게 아니야.
- 방귀는 나만 뀌는 게 아니다 뭐, 친구들도 다 뀌는걸?
- 내 방귀 소리로 수업을 방해할 수 없으니 화장실에 가는 거야.

덜렁덜렁 이가 이상해

2020년 ○월 ○일 월요일

아침부터 입안에서 이가 춤추는 것 같다.

불편하고 이상해서 계속 이를 만졌다.

점심을 먹다가 뿍! 내 이가 빠졌다.

피도 나서 무서웠는데 갑자기 궁금해졌다.

빠진 이는 요정한테 가는 걸까?

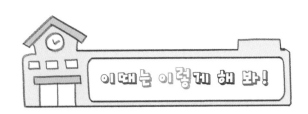

1 우리 나이는 이가 빠지고 새로 나는 때이니 놀라지 말자!

수업 시간에 쑤욱~
밥 먹다가 쑤욱~

흔들~
흔들~

2 갑자기 이가 빠지면 선생님께 바로 말씀드리자!

탈출!
쑤욱!

3 화장실에 가서 물로 입을 헹궈야 해.

입안을 깨끗이 헹궈야지.

우물~
우물~

4 이가 빠진 곳에는 휴지를 물고 있으면 좋아.

쑤욱!

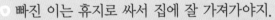

이러면 100점!

- 빠진 이는 휴지로 싸서 집에 잘 가져가야지.
- "엄마, 학교에서 이 빠졌어요." 하고 말씀드리는 거야.
- 이가 아프거나 피가 계속 난다면 보건실에 가자.

일곱째 날, 건강 검진 하기 싫어~

건강검진

와, 오늘은 수업 안 하는 거야?

뭐야?

수업은 아닌데……

둥~

시력 검사

어, 어떻게 읽지?

안 보이니?

어, 잘 보이는데요.

44

45

내 몸은 나만 볼래~

2020◯년 ◯월 ◯일 화요일

눈 검사 할 때 글자를 잘못 읽었다. 입에서 썩은 이도 보았다.

오줌 검사 때는 손에 묻어서 찜찜했다.

키와 몸무게를 재는데 애들이 내 키와 몸무게를 들어 버렸다.

왜 친구들 많은 데서 재는 거야.

내 몸은 나만 보고 싶은데.

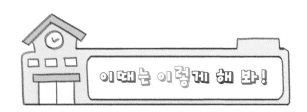

1 건강 검진은 우리가 건강한지 보려고 하는 검사야.

병원에 가기도 하고

건강검진

의사 선생님이 오시기도 하네.

2 시력 검사표의 글자를 모르면 그림으로 바꿔 달라고 말하자.

선생님 저 한글을 아직 잘 몰라요!

가 나 ㄷ? 라 마? 바? 사?

3 썩은 이 검사는 치료가 아냐. 이가 썩었는지만 보는 거래.

우리 잘 있어요!

4 키와 몸무게를 잴 때 부끄럽다면?

친구들이 보지 않게 해 주세요.

이러면 100점!

- 학교에서 하지 않는다면 학교가 정한 병원으로 검진하러 가야 해.
- 검사용 종이 막대에 조심조심 오줌을 묻히자!
- 학교 검진에서 썩은 이가 있다면 그때 치과에 가야 해.

47

여덟째 날, 아야야, 무릎 까졌어

자, 달리기 준비~

히히!
달리기는 내가
제일 빠르지롱!

따앙!

크하하! 너희
이렇게 못 달리지?
나 따라와 봐라!

폴짝!

폴짝!

달리기하다가 철퍼덕

2020년 ○월 ○일 수요일

달리기를 하는데 내가 제일 빨랐다!

친구들한테 멋져 보이려고 빨리 뛰다 벌러덩 넘어졌다.

피도 나고 너무 아프다.

찌릿찌릿 따끔따끔 내 무릎이 아닌 것 같다.

라임이와 같이 보건실로 가는데 절뚝이가 되었다.

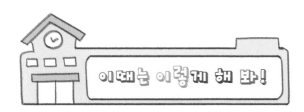
이때는 이렇게 해 봐!

1️⃣ 다쳤다면 선생님께 말씀드리는 게 중요해.

다쳤어요!

2️⃣ 보건실에 가야 하는데 어딘지 모르면 친구와 같이 가자.

보건실 어딨는지 알아!

3️⃣ 보건실에 가면 보건 선생님이 다친 곳을 치료해 주실 거야.

 이러면 100점!

○ 학교에서는 첫째도 안전, 둘째도 안전, 무조건 조심!
○ 보건실은 학교에 있는 작은 병원이야.
○ 상처가 심하면 보건 선생님이 병원에 가라고 가족에게 연락해 주셔.

배가 아플 때는?

갑자기 배가 아프다면 화장실에서 똥을 누고 싶은지, 아닌지 먼저 생각하렴. 똥이 마려워서 아픈 배가 아니라면 꼭 보건실에 가야 해. 보건 선생님께 배가 어떻게, 언제부터 아팠는지 말씀드리자. 선생님이 상태를 보고 약을 주시거나 보건실에 잠깐 누워 있으라고 하실 거야. 병원에 가야 한다면 집에 연락해 주실 수도 있어.

똥이 나오려는 건가?

갑자기 머리가 아플 때는?

교실에서 갑자기 머리가 아플 때도 역시 선생님께 말씀드려야 해. 잠깐 엎드려 쉬거나 보건실에 가서 보건 선생님께 진찰을 받으라고 하실 거야. 얘들아, 아프면 선생님께 알려서 나아질 방법을 찾아야 해. 무조건 참으면 더 나빠질 수 있거든. 잠깐만! 혹시 아프지 않은데 아프다고 하고 보건실에 가는 친구들은 없겠지?

선생님, 머리가 아파요!

아파서 학교에 못 갔다면?

아차, 아파서 학교에 가지 못했어. 이를 어쩌지? 숙제나 준비물을 모르는데 어떻게 하면 좋을까? 먼저 친구에게 물어서 확인해 보렴. 친구들도 모른다면? 부모님이나 다른 어른들도 휴대폰으로 확인하실 수 있는 학급 알림장을 살펴보자. 여기에서도 알 수가 없다고? 그렇다면 학교에 가서 선생님께 사정을 말씀드리자. 하지 못한 숙제를 틈나는 대로 하거나 다음 날 내는 거야.

이가 빠져서 베어 먹기가 힘들 때는?

앞니가 쏙 빠졌는데 급식으로 사과가 나왔거나 옥수수가 나왔어. 이럴 때는 어쩌지?
옥수수는 이로 베어 먹지 않아도 손으로 알맹이를 떼어서 먹을 수 있어. 단단해서 베어 먹기 힘든 것은 먼저 숟가락과 젓가락으로 잘게 잘라 봐. 그다음 빠진 이 대신 다른 어금니로 씹어 먹도록 해.

선생님, 죄송해요.

아파서 못 나갔는데 숙제를 몰라서 못 했어요.

빠진 이를 대신할 수 있는 방법을 잘 생각할래.

53

…리아,
아침 안 먹었어요?

네, 안
먹었어요.

조금 있으면
점심시간이니까
참아 보세요.

네….

으….

그래서 호랑이는
할머니에게~

떡 하나 주면
안 잡아먹지~

떡…

떡 하나 주면
안 잡아먹지…….

악! 선생님,
리아가
제 손 먹어요!

우물~

우물~

리, 리아!
그만 하세요!

배꼽시계가 멈추지 않아

2020년 ○월 ○일 목요일

학교에서 너무 배가 고팠다.

수업 시간이 너무 안 갔다. 배에서 계속 소리가 난다.

꾸르륵, 꾸륵, 꼬르륵. 짝꿍한테 들리면 어떡하지?

선생님한테 점심 언제 먹느냐고 물어보기만 했다.

나도 모르게 짝꿍 손을 덥석 물었다. 맛은 짭짤했다. 배고파.

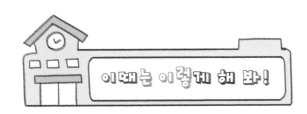

1 다음부터 일찍 일어나서 아침밥을 먹고 와야겠어!

2 든든히 먹고 오면 학교 수업 시간에 집중할 수 있어.

와, 공부가 잘돼!

3 학교에서 주는 우유를 마시면 도움이 돼.

4 밥도 먹고 우유도 마셨는데 배고프면 점심까지 참아 볼래.

점심시간아, 어서 와라~

이러면 100점!
- 아침밥을 먹어야 하니까 늦게 일어나지 말아야 해.
- 먹고 싶다고 학교에 간식을 가져오는 건 안 돼!
- 점심까지 배고픔을 참을 줄 아는 난 대단한 1학년!

얘들아, 이건 또 몰랐지?

친구들과 간식을 나눠 먹고 싶어요!

잠깐, 학교에서 간식을 먹어도 될까? 결론부터 말하면 안 돼. 한 명이 간식을 먹기 시작하면 다른 친구들도 먹고 싶어지지 않을까? 간식 때문에 수업의 분위기가 흐트러질 수도 있고 나눠 주는 간식을 받지 못한 친구들끼리 기분이 상하기도 하거든. 그래도 간식을 나눠 먹고 싶다면 학교 수업을 모두 마친 시간이 좋겠어.

얘들아, 집에 갈 때 이 과자 같이 나눠 먹자.

선생님이 사탕을 주셨어요!

선생님께 칭찬 사탕을 받았구나! 사탕을 바로 먹어도 되나, 모르겠지? 선생님이 주신 사탕도 잠시 두었다가 쉬는 시간이나 학교 끝나고 먹으면 좋겠어. 선생님께서 "지금 먹어도 됩니다."라고 하시면 먹어도 괜찮아. 먼저 선생님께 여쭤보고 허락부터 받아야겠지?

선생님, 지금 사탕 먹어도 돼요?

너무 목이 마르면?

수업 시간에 너무 목이 마를 때는 어떻게 해야 할까? 여러분이 준비해 온 물통에 있는 물을 마시렴. 물론 수업을 듣는 친구들에게 방해되지 않도록 마셔야겠지? 꿀꺽꿀꺽 큰 소리가 나지 않도록 조용히 마시면 좋겠어.

개인 물통을 가져오길 잘한 것 같아!

학교에서는 왜 마음대로 하면 안 될까?

학교는 모두가 함께 지내고 공부하는 곳이야. 열심히 공부하는 것도 중요하지만 다른 친구들에게 피해를 주지 않는 것도 중요해. 여러분의 행동이 다른 친구들에게 피해를 주는지, 아닌지 먼저 생각해 볼까? 그래도 헷갈린다면 선생님께 물어본 뒤에 하면 좋겠어.

나 혼자만 지내는 곳이 아니니까!

열째 날, 이 반찬 먹기 싫은데?

자, 모두 급식실로
이동합시다~

우르르르~

오늘
뭐 나올까?

급식실

억,
오이잖아?!

난 오이 싫은데.

애, 그렇게 하면 음식 흘려.

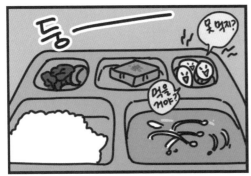

오이와의 싸움

2020○년 ○월 ○일 금요일

오늘 점심에 오이가 반찬으로 나왔다.

다른 반찬도 어쩐지 다 먹기 싫었다.

먹을까 말까 오이랑 눈싸움을 했다.

그런데 친구들은 벌써 다 먹고 놀러 나갔다.

히잉, 급식실에는 나만 남았다.

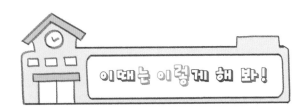

1. 급식에는 건강을 위해 채소, 고기처럼 여러 반찬이 나와.

2. 알레르기가 있어서 꼭 피해야 하는 음식은 선생님께 말씀드려야 해.

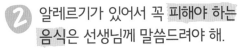

3. 음식은 먹을 만큼만 받아야 해.

이 정도면 먹을 수 있어!

남기면 버려지니 이만큼만!

4. 음식은 감사한 마음으로 체하지 않게 꼭꼭 씹어서 먹자!

빨리 놀고 싶지만 잘 먹어야 해.

이러면 100점!

- 그냥 먹기 싫은 음식도 건강을 위해 조금만 먹어 보자.
- 음식 알레르기 종류는 우유, 오이, 복숭아, 마늘, 닭 등 음료, 고기, 채소, 과일을 가리지 않고 굉장히 많아.
- 도저히 먹기 힘들 때는 어쩔 수 없지. 다음에 도전하자!

63

음식이 크고 매워서 먹기 힘들면?

젓가락으로 자르거나 이로 깨물어서 음식을 작게 해 보자. 너무 크고 단단해서 자르기 힘들다면 선생님께 도움을 청하렴. 조리실에서 가위를 빌려 와 음식 자르는 것을 도와주실 거야. 무작정 도와 달라고 하기 전에 친구들이 스스로 먼저 해 보면 좋겠어. 너무 매운 음식들이 있다면 다른 음식을 먹으면 돼. 하지만 매운 음식들도 조금씩 자주 먹어 봐야 잘 먹을 수 있으니 기억해 둬.

저건 너무 매워서 더 크면 먹어야겠어.

딱 봐도 먹기 싫은 음식이야!

학교에서 나오는 급식은 다양한 재료를 여러 방법으로 요리해. 아마 학교에서 처음 만나는 음식도 많을걸? 학교 급식에서 가장 좋은 점은 여러 음식이 나와서 골고루 먹을 수 있다는 점이야. 처음 보는 음식도 딱 한 번만 먹어 봐. 잘 몰랐을 뿐이지 입에 맞을 수 있거든.

엄청 못생긴 반찬인데 양념이 맛있어!

가시가 있는 음식은?

점심 반찬으로 가끔씩 가시가 있는 생선이 나오기도 해. 자, 이제 여러분이 나서야 할 때야. 가시 없이 젓가락으로 살을 떼어 내야 하거든! 가시를 쏙쏙 빼고 살만 골라내는 일이 생각보다 재밌다니까? 가시를 척척 잘 바르려면 어떻게 해야 하냐고? 음…… 집에서 발라내는 연습을 해 보면 도움이 될 거야.

땅에 묻힌 보물 찾는 것 같아.

과일에 왜 껍질이 안 벗겨졌지?

점심에 나온 사과와 귤의 껍질이 덜 벗겨졌니? 그래서 덜 까진 채 그냥 먹었는데 괜찮은지 걱정스럽다고? 얘들아, 학교에서 나오는 과일들은 모두 깨끗하게 씻어서 나오고 있으니 안심해도 돼. 이 책을 보는 친구들에게만 알려 줄게. 껍질은 알맹이만큼 영양분이 많아서 까지 않고 먹어도 괜찮다는 사실! 그리고 사과 같은 과일은 껍질째 먹으면 또 색다른 맛이 있다고! 이건 몰랐지?

과일 껍질아, 내 몸에 영양분이 되어 줘~

열한째 날, 젓가락은 다루기 어려워

손가락이 개다리 춤을 춰

2020년 ○월 ○일 월요일

급식에서 내가 좋아하는 돈가스가 나왔다!

어서 먹고 싶어서 입이 근질거렸다.

반찬들이 내 젓가락을 피해 도망친다.

젓가락 쥐느라 힘을 줬더니 손이 아프다.

젓가락을 쥔 내 손가락이 부르르 개다리 춤을 춘다.

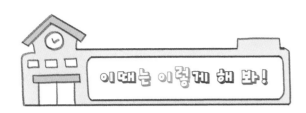

이때는 이렇게 해 봐!

1 학교에서 어른용 젓가락을 쓰는 이유가 있어.

젓가락질 연습을 위해서래~

2 젓가락질을 잘하지 못하면 선생님께 말씀드리고 포크를 써도 좋아.

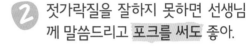

3 학교에 포크가 없다면 어린이용 젓가락을 준비해 와서 먹자!

어린이용 젓가락

4 집에서 젓가락질을 연습하면 더 좋아!

다음엔 안 놓친다...!

이렇게~ 옳지~

이러면 100점!

○ 우리는 손이 작아서 어른용 젓가락은 잘 다루기 어려워.
○ 포크가 있는 학교도 있으니 선생님께 여쭤보자.
○ 젓가락을 못 다뤄서 친구들이 놀린다면?
"나도 연습하면 잘할 수 있어!"

얘들아, 이건 또 몰랐지?

가위, 이렇게 써 보자!

학교에서는 가위를 자주 써. 가위를 다루는 게 익숙하지 않다면 '안전 가위'를 챙겨 보면 어떨까? 젓가락질처럼 집에서도 가위로 종이를 자르는 연습을 해 봐도 좋겠어. 얘들아, 가위를 쓰는 데 자신감이 생겼더라도 쓸 때는 조심해야 해. 특히 가위는 절대 들고 돌아다니면 안 돼. 건네줄 때도 친구가 가위 손잡이 쪽을 받을 수 있게 줘야 해.

가위를 쓸 때는 친구와 이야기하며 쓰지 말아야지.

커터 칼은 특별히 더 조심!

자를 수 있는 도구로 가위 말고 커터 칼도 있어. 커터 칼은 아직 여러분이 쓰기에는 너무 위험해. 더 자라서 잘 다룰 만큼 힘이 생길 때 쓰면 좋겠어. 그런데 꼭 칼을 써야 할 일이 생겼다면? 절대 혼자 쓰지 말고 선생님께 도와 달라고 해야 해. 선생님이 도와주실 수 없는 상황이라면 기다려서 다른 방법을 찾아보자. 커터 칼은 사용하는 건 물론 가지고 다니는 것도 위험하니 절대 주의!

칼은 다치기 쉬우니 나중에 쓰기로 하자!

약속!

칼만큼 위험한 연필

여러분이 학교에서 자주 쓰는 연필은 왜 위험할까? 얘들아, 지금 쥐고 있는 연필에서 글씨를 쓰는 까만 부분을 잘 보렴. 끝이 제법 날카롭지? 이 부분에 찔리면 크게 다칠 수 있어. 뾰족한 연필을 들고 돌아다니거나 양쪽으로 깎아서 쓰면 안 돼. 당연히 던져서도 안 되고 칼싸움 장난도 치면 안 돼.

연필은 글씨를 쓸 때만 사용하는 거야!

풀은 위험해 보이지 않는데?

가위나 칼처럼 풀은 크게 다칠 일은 없어. 풀을 쓴 뒤에는 잊지 말고 뚜껑을 바로 닫아야 해. 뚜껑을 닫지 않으면 끈끈한 풀이 굳어 버리거든. 뚜껑을 잘 닫아야 나중에 또 사용할 수 있으니 꼭 기억해. 참, 풀을 던져서 주는 친구들 없지? 어쩌다가 찐득한 풀을 손으로 만지면서 장난치기도 하는데 조심해. 머리카락에 묻으면 아주 곤란한 일이 생기니 말이야.

악, 머리카락이 굳어서 안 풀려!

우유 대폭발 사건

2020년 ○월 ○일 화요일

오늘은 내가 학교에서 폭탄을 터트렸다.

우유갑이 안 열려서 힘껏 열었는데.

우유가 퍽! 바닥은 흰 바다, 나도 엉망이었다.

마시지도 못하고 걸레로 청소만 했다.

우유랑 친해지려면 내가 더 세져야 하나?

74

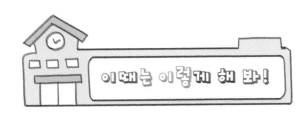

1 우유갑에서 여는 곳과 접는 선을 찾아봐.

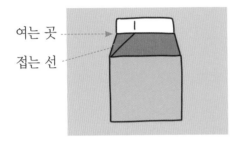

여는 곳 ------>
접는 선 ------>

2 엄지와 검지로 여는 곳의 **입구 양쪽을 접는 선까지** 벌리자.

3 한 손으로 잘 잡고 다른 손으로 벌린 **입구를 앞으로** 당겨야 해.

4 우유를 흘렸다면 선생님께 말씀 드리고 **잘 닦아** 보자.

손걸레나 대걸레로 닦는 법을 알려 주셔!

이러면 100점!
- 2교시가 끝나면 우유 마시는 시간이야.
- 신청한 우유는 학교에서 꼭 마셔야 해.
- 다 마신 우유갑은 잘 접어서 내야지.
- 잘 안 되면 집에서 우유갑 여는 연습을 천천히 해 봐.

급식을 먹다가 흘렸을 때는?

먼저 휴지로 닦을 수 있는 곳을 닦고 나머지는
화장실에 가서 물로 씻자. 바닥에 흘렸다면 휴지
로 큰 음식물 건더기를 집어서 버리고 닦으면
돼. 그다음 대걸레로 바닥에 남은 국물을 닦으면
말끔해질 거야. 휴지가·주위에 없다면 화장실에
가서 가져와야 해. 옷에 많이 흘려서 찝찝하면
미리 가져다 놓은 깨끗한 다른 옷으로 갈아입으
면 돼.

내가 흘린
음식은 내가 직접
닦아야 해.

물감이나 물통 물을 쏟고 말았어!

그림을 그리는 날이라면 옷에 물감이 튀거나 크
레파스가 묻을 수도 있어. 이런 날은 학교에 갈
때 너무 밝지 않고 너무 새것이 아닌 옷을 입도
록 해. 그래도 묻을까 봐 걱정스럽다면 앞치마를
준비해 오면 어떨까? 옷 위에 걸치면 묻을 걱정
도 없겠지? 앞치마 없이 물감이나 물이 옷에 묻
었다면? 휴지로 닦을 수 있는 부분을 닦고 마를
때까지 기다려야 해.

처음부터 묻지 않게
조심! 귀찮아도
앞치마를 가져와야지.

친구한테 흘렸다면?

내가 내 옷에 흘렸다면 미안하거나 억울할 일은 없을 거야. 그런데 실수로 친구 옷에 무언가를 흘리거나 튀게 했다면 어떻게 해야 할까? 먼저 친구에게 진심을 다해 사과하고 해 줄 수 있는 것을 해 줘야 해. 그다음 휴지나 물휴지를 건네 주는 거야. 그전에 친구에게 무언가를 흘리지 않도록 조심하는 것이 중요하겠지?

물통의 물을 흘렸다면?

물이 담긴 물통의 뚜껑을 제대로 닫지 않았거나 물을 마시다가 흘릴 수도 있어. 교과서나 공책은 종이라서 젖으면 더 신경이 쓰이겠지? 물이 번지기 전에 바로 교과서를 들어 물기를 털어. 그다음 휴지나 손수건으로 빨리 물기를 닦아야 해. 젖은 곳이 너무 많다면 선생님께 상황을 말씀드리자. 젖은 교과서를 펼쳐서 햇볕이 드는 곳이나 선풍기 바람에 말리는 거야.

열셋째 날, 왜 나만 안 따지는 거야?

와, 오늘 급식에 푸딩 나왔다!

푸, 푸딩?!

얼른 밥 다 먹고 푸딩 먹어야지!

뚜껑 따다 방귀 뿡~

2020○년 ○월 ○일 수요일

점심에 푸딩이 나와서 신이 났다!

그런데 뚜껑이 안 열리는 거다.

힘을 주다 보니 뽀오옥! 방귀가 터졌다.

선생님이 와서 대신 열어 주셨다.

그런데 선생님이 웃음을 참는 것 같다. 방귀 푸딩은 완전 싫어!

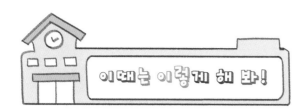

1 손이 **미끄럽고 힘이 없으면** 뚜껑이 안 열려.

미끌~

2 혼자서 다시 열어 봐도 좋지만 **손을 다칠 수도** 있으니 조심!

3 그래도 안 열리면 **친구에게 부탁**해 봐.

열어 줄 수 있어?

4 친구들도 못 딴다면 **선생님께 부탁**해야지.

어려우면 친구나 선생님께 부탁해.
그럴 수 있지~
선생님, 푸딩이 안 따져요.

 이러면 100점!
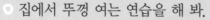
- 학교 급식에는 뚜껑이 있는 음식이 가끔 나와.
- 나를 도와주는 사람들에게 용기 내 부탁할래.
- 집에서 뚜껑 여는 연습을 해 봐.

81

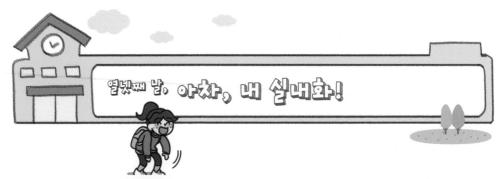

열넷째 날, 아차, 내 실내화!

오늘은 학교에서 뭘 하지?

실내화를······

악, 실내화 주머니가 없잖아!!!

크헝!!

학교에서 맨발로?!

2020년 ○월 ○일 목요일

실내화 주머니를 집에 두고 왔다. 교실에 못 들어가고

뱅뱅 돌기만 했다. 선생님이 빌려주신 실내화가 손보다 작다.

선생님은 신발을 신고 들어오라고 했다.

애들은 다 실내화인데 나만 신발이다.

다 내 발만 보는 것 같다.

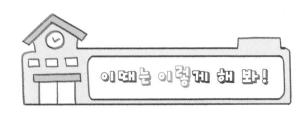

1 실내화가 없다고 맨발로 다니면 위험해!

뾰족한 걸 밟으면 다칠 수 있거든!

2 선생님께 말씀드려서 함께 방법을 찾아보자!

때마침 다른 실내화가 있네!

3 실내화가 맞지 않거나 없다면 신발을 신을 수 있도록 허락을 받자.

그래도 돼요...?

4 학교에서는 실내화 신기가 규칙이니 잘 챙겨서 다니자!

이러면 100점!

- 교실에 있는 다른 실내화를 빌려 신어 봐.
- 다른 실내화가 없다면 선생님께 이렇게 여쭤보자.
  "선생님, 실내화가 없는데 신발을 신어도 될까요?"
- 아침마다 실내화를 잊지 말고 챙겨야 해.

어떤 실내화를 신어야 좋을까?

여러분에게는 가볍고 편하고 안전한 실내화가
가장 좋아. 멋지게 생겼는데 무겁다면 불편하겠
지? 예쁘게 꾸며져 있지만 신고 벗기 불편한 실
내화도 좋지 않아. 실내화가 내 발보다 너무 크
거나 작아도 좋지 못해. 너무 커서 자꾸 벗겨지
면 잘 넘어질 수 있거든. 너무 작으면 신고 벗기
불편하고 말이야. 실내화는 여러분이 직접 신어
보고 발이 가장 편안한 것으로 고르면 좋겠어.

내 발에
가장 잘 맞고
편해야 해!

실내화를 잃어버리지 않으려면?

여러분이 신는 실내화는 비슷비슷하게 생겨서
벗어 놓으면 굉장히 헷갈려. 가끔씩 내 실내화가
사라져서 다른 친구들 것을 가져와 신는 친구들
도 있지. 일부러 친구의 실내화를 숨기는 짓궂은
친구들도 있고 말이야. 학교에서는 실내화를 잃
어버리지 않도록 이름을 크게 적어 두면 좋겠어.

이 물건은
내 거야!

잃어버린 실내화, 어디에서 찾지?

실내화를 잃어버렸다면 먼저 주위를 샅샅이 찾아봐. 신발장 곳곳, 교실 곳곳, 복도 곳곳을 말이야. 여러분이 실내화를 신고 갔던 곳을 찾아봐도 좋겠어. 아니면 학교에서 잃어버린 물건들을 모아 놓는 곳에 가서 확인해 보자. 어려운 일이 있을 때는 선생님이 큰 도움을 주시지만 물건을 잃어버렸을 때는 그렇지 못해. 소중한 여러분의 물건은 스스로 잘 챙기는 게 좋겠어.

중요한 물건은 손에서 떼어 놓지 말아야지.

실내화가 지저분해졌어!

학교에서 친구들과 하루 내내 뛰어다니며 지내다 보니 실내화가 어느새 새카매졌어. 지저분해진 실내화는 집에 가져가서 빨아야 해. 주말에 뽀얗게 빨고 잘 말려서 가져오는 거야. 얘들아, 실내화는 학교 안에서만 신고 운동장에 나갈 때는 신발로 갈아 신고 나가야 해! 이건 청결 때문이기도 하지만 안전 때문에도 그렇단다. 밖에서는 운동화, 안에서는 실내화, 절대 잊지 말자고!

빨아 신은 실내화가 어쩐지 새 신발 같아!

급식 시간

목말라…….

꿀꺽~
꿀꺽~

수업 시간

물 마시고
싶어!

너무 목말라. 눈앞이
핑글핑글 돈다.

어라?
그러고 보니……

화, 화장실,
세면대라면?

손 씻어야지~

우와악~!!
물이다~!!

벌컥
벌컥!!

어푹
어푹

으악, 준아!
화장실 물을 마시면
어떡해!

나는 정수기 선수

2020년 ○월 ○일 금요일

물통을 두고 와서 목이 너무 말랐다.

수업 끝날 때마다 정수기로 계속 달렸다.

마실 때는 시원한데 돌아올 때는 어지럽고 다시 목이 마르다.

친구들이 나를 정수기 선수라고 놀린다.

꼭 물통을 챙겨야지. 이러다가 진짜 선수가 될 것 같아.

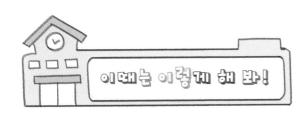

이때는 이렇게 해 봐!

1 유행병 때문에 입이 닿는 물건은 <mark>나만 써야 해.</mark>

2 학교에 갈 때는 꼭 <mark>물통을 챙기자.</mark>

3 물통이 없다면? <mark>학교의 정수기</mark>를 이용해 보자.

음수대

4 물통은 책상 위에 <mark>두지 말 것!</mark>

떨어지면 물통이 망가져.

이러면 100점!

- 학교에는 친구들이 쓸 수 있는 종이컵이 없어.
- 물통 떨어지는 소리는 엄청 커. 이 소리가 수업을 듣는 친구들을 방해할 수 있어.
- 물통은 책가방에 쏙 넣고 필요할 때만 쓱 꺼낼래!

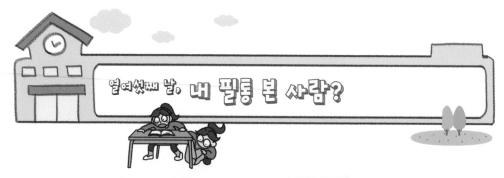

열여섯째 날, 내 필통 본 사람?

내 필통 어딨어?

2020년 ○월 ○일 월요일

라임이랑 화장실에 다녀왔는데 필통이 없어졌다.

친구들과 선생님과 찾는데 어디에도 없다.

누가 분실물 보관함에 있을지도 모른다고 했다.

맞다, 분실물 보관함! 찾아서 정말 다행이다.

그런데 왜 화장실에 필통을 갖고 갔지?

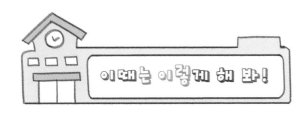

1 물건이 없어졌다면 **주위를 살펴보자.**

2 **친구들에게도** 자세히 물어보자.

3 마지막으로 **분실물 보관함**에 가서 살펴보자!

- 잃어버린 물건을 찾지 못할 수도 있어.
- 며칠이 지나서 나오기도 하니 조금 기다려 볼까?
- 비싸고 소중한 물건은 학교에 가져오지 마.
- 내 물건에는 이름을 써 두자!

95

열일곱째 날, 비 오는데 우산이 없어!

투둑…

어?

으아~
비 온다!

쏴아…

너 우산 있어?

어! 근데 너희 집이랑
우리 집 길이 다른데?

비 오는 날의 천사

2020○년 ○월 ○일 화요일

학교가 끝났는데 하늘에서 물이 콸콸 쏟아졌다.

다른 애들은 우산을 쓰거나 엄마가 데리러 왔다.

나는 우산이 없는데 어떡하지?

그런데 옆 반 리아가 우산을 씌워 줬다.

우산이 작아서 둘 다 반씩 젖었지만 완전 고마웠다.

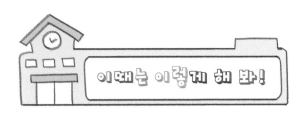

1 선생님께 우산을 빌려 봐. 미리 준비된 우산이 있을지도 몰라.

2 방향이 비슷한 친구와 우산을 같이 쓰고 가는 것도 좋은 방법!

3 가족에게 전화해 데리러 와 달라고 말해 볼 수도 있어.

엄마, 데리러 와 주실 수 있어요?

이러면 100점!

○ 교실에 주인이 없는 다른 우산이 있을지 몰라.
○ 학교의 공중전화로 가족에게 전화를 걸 수 있어. 받는 사람이 돈을 내는 방법으로 걸 수 있거든!

열여덟째 날, 숙제를 두고 왔어!

자, 숙제 앞으로 내세요.

음, 어제 한 숙제가…….

뒤적

뒤적

숙제가……?

뒤적~

뒤적~

어, 없잖아!!!

텅~

리아,
숙제 내세요.

서, 선생님!

제가요, 숙제를 어제
저녁 먹고 했는데요.
진짜 다 하고 잤는데요!

정말 다 했는데.
엄마한테도 보여 드리고
가방에 넣은 것 같은데요.

. . . .

숙제를 안 가져온 건
안 한 거나 마찬가지예요.

하고 가세요!

흥...!

나 진짜 했는데

2020년 ○월 ○일 수요일

숙제를 안 가져왔다고 선생님한테 혼났다.

억울했다. 내가 넣은 숙제랑 가방이랑 둘이 싸웠나?

가방이 삐쳐서 숙제를 안 넣어 준 거 아닐까?

내일은 가방 입을 꼭 닫아야겠다.

숙제야, 이제 도망가지 마.

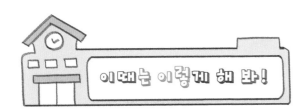

1 그날 받은 숙제는 잘 기억해 두자.

숙제
1. 일기
2. 받아쓰기

2 미루지 말고 집에서 열심히 숙제를 할 것!

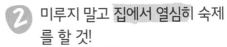

3 열심히 한 숙제는 바로 가방에 잘 챙겨 둬야 해.

뒤적

4 선생님이 내라고 하실 때 척 내면 완벽해!

이러면
100점!

- 학교에 잘 가져와서 내는 것까지가 모두 '숙제'야.
- 숙제를 안 하거나 가져오지 못했다고 집에 전화하지 말고 스스로 책임져야 해.
- 숙제는 친구 것으로 대신할 수 없어!

준비물을 안 가져왔다고?

숙제와 준비물은 조금 달라. 숙제는 친구 것으로 대신할 수 없지만 준비물은 친구와 같이 쓰거나 학교에 있는 다른 것을 쓸 수 있단다. 혹시라도 가지고 오지 않았다면 다른 방법을 찾아야 해. 먼저 여러분의 짝에게 같이 쓸 수 있는지 물어보거나 선생님께 말씀드려 봐. 학교에 있는 다른 준비물을 쓸 수도 있거든.

준비물도 빠트리지 말고 잘 챙겨야지.

연필이나 지우개를 깜빡했어

연필이나 지우개는 여러분이 수업할 때 꼭 필요한 도구야. 어떤 친구들은 연필이나 지우개가 없어서 멍하게 앉아 있기도 해. 그러지 말고 친구들에게 남는 연필이나 지우개를 빌려 보면 어때? 선생님께도 빌릴 수 있는지 물어봐도 괜찮아. 또 교실에는 친구들이 잃어버린 연필과 지우개를 모아 두기도 해. 이걸 잠깐 빌려 쓰는 것도 방법이야.

미안해, 연필이나 지우개 좀 빌릴 수 있을까?

친구의 물건을 가져다 써도 될까?

준비물을 안 가져왔는데 친구는 준비물을 넉넉하게 준비한 거 같니? 여러분은 연필이 없는데 친구는 두 개를 가지고 있다고? 그래도 함부로 친구의 물건을 가져다 쓰면 안 돼. 친구의 기분이 상할 수도 있거든. 정 필요하다면 먼저 친구에게 빌려줄 수 있는지 물어보렴. 친구가 괜찮다고 허락해 주면 그때 쓰는 거야.

이거 너 빌려줄게.

빌려줘서 고마워!

수업 시간인데 교과서가 없을 때는?

교과서는 정말 중요해. 수업 시간에 배우는 내용을 담고 있거든. 이런 교과서를 집에 두고 왔다고? 친구들은 모두 교과서를 보며 수업에 집중하는데 어떻게 해야 할까? 먼저 옆 친구에게 교과서를 같이 볼 수 있는지 물어봐. 그럴 수 없다면 선생님께 상황을 잘 말씀드려 보자. 남아 있는 교과서를 빌려주시거나 다른 방법을 알려 주실 거야. 그전에 교과서를 가방에 잘 챙겼는지 확인하는 게 좋겠지?

교과서를 잊지 말고 미리미리 챙겨야지.

열아홉째 날, 언제 수업 시작했어?

쉬는 시간을 지켜라!

오늘은 쉬는 시간에 준호랑 운동장에서 놀았다.

진짜 쪼금 놀았는데 운동장에 우리만 있었다.

큰일 났다! 애들이 언제 들어간 거지?

종 울리는 소리가 안 들렸는데?

내일부터는 쉬는 시간에도 가만 있어야겠다. 아마도?

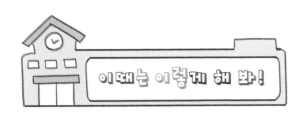

1 쉬는 시간은 휴식 외에 **다음 수업을 준비하는 시간**이기도 해.

2 운동장에서 놀고 싶다면 **바깥에 있는 시계를 꼭 확인해.**

수업 시간을 잘 지켜야지.

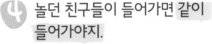

3 바깥에 시계가 없다면 **손목시계로 확인해.**

시간 확인!

4 놀던 친구들이 들어가면 **같이 들어가야지.**

우리도 들어가자!

딩동댕동~

이러면 100점!

- 10분을 쉬거나 20분을 한꺼번에 쉬는 학교도 있어.
- 쉬는 시간은 말 그대로 공부한 머리를 쉬게 하는 시간!
- 나가서 놀기보다 화장실에 잠깐 다녀오는 정도가 좋겠어.
- 학교가 끝나면 마음껏 놀 수 있어!

스무째 날, 복도에서 뛰면 왜 안 돼?

딩동댕동~♪

오예~!
쉬는 시간이닷!

나보다 빠르면
급식에서 내 햄
준다!

쌩~!

없지롱!
내가 제일 빠르지롱~!

복도에서 부릉부릉 끼이익

2020년 ○월 ○일 금요일

쉬는 시간은 짧으니 빠르게 실컷 놀아야 한다.

나는 복도로 뛰쳐나갔다. 부릉부릉 달리다

다친 친구와 부딪칠 뻔할 때 끼익 멈췄다.

미안해서 까치발을 들고 빠르게 걸어갔다.

내 다리가 달리고 싶어 해서 안 된다고 쓰다듬었다.

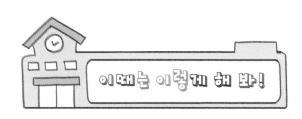

이때는 이렇게 해 봐!

1 복도에서 뛰면 정말 위험해.

2 아무리 급해도 사뿐사뿐 걸어다녀야 해.

사뿐~ 사뿐~

3 복도는 나 말고도 다른 친구나 선생님도 다니는 곳이거든.

4 오른쪽으로 다니면 다른 사람과 부딪칠 일이 없어.

이러면 100점!

- 뛰다가 미끄러지거나 부딪혀서 이가 부러지는 친구들도 있었대.
- 넓은 운동장에서는 마음껏 뛰어놀아도 괜찮아!
- 주변을 둘러보면서 조심조심 다녀야지.

화장실에서 장난치면 안 돼!

화장실은 바닥이 젖어 있어서 미끄러우니 특별히 조심해야 해. 또 청소 도구나 세제 중에도 위험한 것이 있으니 만지기 전에 선생님이나 다른 어른에게 물어보면 좋겠어. 한 가지 더! 화장실을 사용한 다음에는 휴지를 잘 버리고 주변을 깨끗이 정리하는 것 잊지 마. 그래야 다음 사람이 안전하고 깨끗하게 쓸 수 있으니 말이야.

화장실에서 볼일을 볼 때는 문을 꼭 잠가야지.

친구에게 모래 뿌리기는 안 돼!

운동장에서 모래를 뿌리며 장난치는 친구들이 있어. 단순히 장난을 치며 노는 걸 테지만 아주 위험한 행동이란다. 까끌까끌한 모래가 눈에 들어가면 큰일이야. 그 밖에도 운동장에 있는 운동 기구를 다루거나 주위에서 놀 때도 조심 또 조심! 친구들과 잡기 놀이를 한다고 제대로 안 보고 달리다 부딪치면 크게 다칠 수 있거든.

운동장은 운동하는 곳이지 장난치는 곳이 아니야!

지우개 던지기도 안 돼!

교실에서는 아무리 가볍고 부드러운 물건도 던지면 안 돼. 예전에 어떤 교실에서 찰흙을 작게 뭉쳐서 던진 친구가 있었어. 그런데 찰흙에 맞은 다른 친구가 눈을 크게 다치고 말았지 뭐야? 눈이 안 보일 만큼 다쳐서 오랫동안 병원에 다녀야 했대. 부드럽고 말랑거려서 괜찮을 것 같아도 친구에게는 절대 물건을 던지지 말아야 해.

무엇이든
던지면 안 돼!

수업 시간에 돌아다니면 안 될까?

가만히 자리에 앉아서 집중하는 일은 정말 힘든 일이야. 그런데 얘들아. 수업 시간은 다 같이 앉아서 집중해 공부하기로 약속한 시간이야. 몸이 근질근질하다고 마음대로 돌아다니면 수업을 듣는 친구들에게 피해를 줄 수 있어. 이 시간에 집중하지 않는다면 나중에 어떤 숙제가 있었는지, 준비물이 있었는지 놓치게 될걸?

수업 시간에는
꼭 참는 연습을
해 보자!

스물한째 날, **받아쓰기 망했어**

자, 오늘은 받아쓰기 시험을 볼게요.

1번~ 가슴이 벌렁벌렁.

2번 바람이 씽씽.

내가 30점이라니!

2020년 ○월 ○일 월요일

 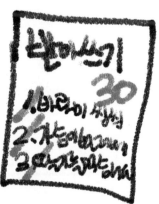

받아쓰기 시험을 깜빡했다. 그래도 난 잘할 수 있을 거다.

그런데 선생님이 불러 주는 문장이 너무 헷갈렸다.

선생님이 받아쓰기 종이를 나누어 줬다.

맙소사, 내 점수가…… 30점이라니.

큰일 났다. 엄마한테 혼나겠다.

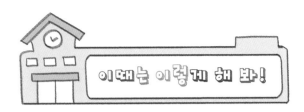

이때는 이렇게 해 봐!

1 받아쓰기는 필요한 시험이야. 한글 읽기와 쓰기 실력을 알 수 있거든.

한글을 늘 연습하지 않으면 바르게 쓸 수 없어요!

2 받아쓰기를 잘하고 싶다면 먼저 문장을 큰 소리로 읽어 보자.

바람이 씽씽!

1. 바람이 씽씽
2.
3.

3 공책에 문장의 글자를 따라 써 보자.

바람이

4 가족에게 문제를 내 달라고 하자.

찌개가 보글보글~

이러면 100점!

○ 선생님이 미리 알려 주는 문장들을 잘 보고 연습할래.
○ 틀린 글자는 왜 틀렸는지 꼼꼼히 살펴봐야지.
○ 점수가 낮아도 실망하지 말고 열심히 연습하자!

119

스물둘째 날, **줄넘기가 너무 어려워**

탁!

오늘은 줄넘기를 할 거예요!

넌 몇 개
할 수 있어?

나 30개~?

와, 대영이
진짜 잘한다!

100개!

...!!

줄이 나를 잡는 것 같아

2020년 ○월 ○일 화요일

줄넘기를 처음 해 봤다.

근데 줄이 자꾸 발을 꽉 잡는 것 같다.

한 번은 이마를 때려서 놀랐는데 친구들이 보고 웃었다.

줄이 나를 놀리는 것 같아 짜증났다.

줄이랑 싸우지 않고 줄넘기를 잘하고 싶다.

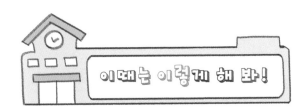

1 줄넘기는 몸을 튼튼히, 키를 자라게 해 주는 좋은 운동이야.

탁!

키야, 쑥쑥 커져라!

2 줄넘기를 잘하려면 연습해야 해.

처음에는 많이 걸릴 거야. 아얏~

3 포기하지 말고 꾸준히 연습하자.

어제는 10개! 오늘은 15개!

4 내가 이렇게 줄넘기를 잘하다니? 연습하니 실력이 쑥 늘었어!

이러면 100점!

- 집에서 꾸준히 연습하면 실력이 모르는 새에 쑥 늘어.
- 저마다 잘하는 게 다르니 당장 못해도 괜찮아!
- 언젠가 잘할 수 있다는 자신감이 중요해.

123

입아, 제발 그만 해

2020년 ○월 ○일 수요일

수업 시간에 옆자리 친구랑 이야기했다.

그런데 점점 더 크게 말하다 선생님한테 딱 걸렸다.

내 입은 혼난 줄도 모르고 또 뭔가 말하려고 한다.

안 돼, 입아. 수업이 끝날 때까지 가만있어 줘!

안 그럼 테이프를 붙여야 할지도 모른단 말이야.

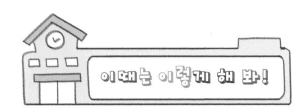

이때는 이렇게 해 봐!

1 수업 시간에는 수업에만 집중해야 해.

2 몰래 떠들어도 선생님은 다 알고 계셔.

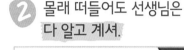

작게 말하니까 모르실 거야.

재잘 재잘

야, 쉿!

3 친구와의 이야기는 쉬는 시간에 실컷 하면 돼.

쉬는 시간

4 꼭 하고 싶은 말을 잊을 것 같다면 공책에 적어 두면 돼.

이따 해야지!

미안하다고

이러면 100점!

- 하고 싶은 말이 꼭 수업 시간에 해야 하는 말인지 먼저 생각해 봐.
- 아프거나 화장실이 급할 때만 "선생님!"
- 수업 시간에 떠들다 혼나도 다음부터 잘하면 돼!

스물넷째 날, 나 아직 다 안 끝났는데?

히히, 내가 좋아하는 거 다 그려야지~

여러분, 이제 마무리할 시간이에요.

네~

어? 아직 다 못 그렸는데?

느림보의 그림은 못 알아보겠어

2020년 〇월 〇일 목요일

오늘 수업에서 멋진 비행기를 그리려고 했다.

그런데 시간이 없었다.

급하게 칠했더니 비행기가 연기처럼 보였다.

선생님이 내 그림을 못 알아보셨다.

다시 보니 나도 뭘 그렸는지 모르겠다. 비행기 맞나?

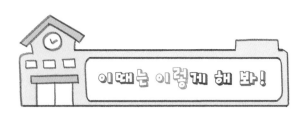

이때는 이렇게 해 봐!

1 열심히 하고 있는데 **시간이 얼마 남지** 않았다고?

곧 끝나는데~

!!!

2 손을 들고 **선생님께 말씀드려** 보자.

아직 다 못 끝냈어요!

3 **쉬는 시간**이나 **방과 후**, 집에서 끝내도 되는지 여쭤보는 거야.

선생님께 여쭤보고 마저 해야지.

어둥

지둥

4 잊지 마. 주어진 시간에는 **늘 최선을 다해야 해.**

끝날 때까지 최선을 다해!!

이러면 100점!

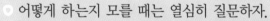

- 어떻게 하는지 모를 때는 열심히 질문하자.
- 끝내지 못했어도 열심히 한 곳까지 한번 내 보자.
- 선생님은 우리가 한 노력을 알아주셔.
- 딴짓하다 시간이 부족한 건 아니지?

무슨 일 있으면
휴대폰으로
엄마한테 전화해.

학교
다녀오겠습니다~

네!

오늘은
수업에 집중!!

삐리뽕♫
뻬리뽕♪

?
?

132

휴대폰도 공부할래

2020년 ○월 ○일 금요일

수업 시간에 휴대폰이 선생님 목소리에

"그건 모르겠어요!"라고 했다. 전에도 휴대폰이 울렸었는데.

이번에 또다. 선생님이 끄라고 하니까 휴대폰이 "다시 말씀해

주세요!" 대답했다.

친구들이 웃느라 교실이 시끌시끌. 휴대폰도 공부하고 싶었나 보다.

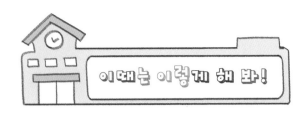
이때는 이렇게 해 봐!

1 수업 시간은 휴대폰을 쓰는 시간이 아니야. 학교마다 휴대폰 사용 규칙이 다르니 잘 확인해야 해.

2 수업 시작 전, 휴대폰은 끄거나 소리 없음으로 해 둬야 해.

3 휴대폰은 가방에 잘 넣어 두자.

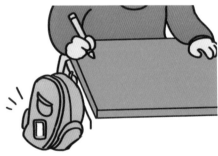

이러면 100점!

- 쓸모 있는 휴대폰도 교실에서는 다르게 써야 해.
- 수업 시간은 원래 공부하는 시간이야.
- 진짜 급한 일이 아니면 수업 때는 쓰지 말자.
- 떨어지면 망가질 수 있으니 가방에 넣어야지.

스물여섯째 날, 모르는 곳에 나 혼자야!

환경 보호 센터

와아~
나무 엄청 커~

2반 모여라!

앗~

모두 모였나요?
자, 그럼 이제 돌아가 볼까요?

네~

앗!

와, 달팽이 완전 귀여워.

얘, 진짜 느리네.

헤헤

나도 느리다는 말 많이 듣는데.

썰렁~

......어?

내가 또... 늦었나...?

으아앙! 대영아! 기훈아!

준이가 매미처럼 운다~!!

선생님, 준이 저기 있어요.

다들 어디 있는 거야?

2020년 ○월 ○일 월요일

소풍에서 달팽이를 처음 봤다.

꾸물꾸물 기어가는 달팽이가 신기해서 쳐다봤는데

선생님도 친구들도 다 사라졌다!

혼자 있으니 무서워서 울음이 났다.

그런데 나를 부르는 소리가 난다. 다들 어디 갔었어!

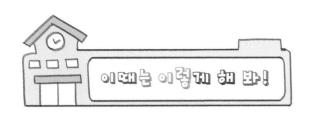

이때는 이렇게 해 봐!

1 혼자서 떨어졌다면 **주위를 살펴보자.**

겁난다고 멀리 벗어나면 안 돼!

2 어른들이나 경찰관에게 도와 달라고 해야지.

3 친구들이나 선생님이 가까이 있 을지 모르니 **큰 소리로 불러 봐.**

얘들아! 선생님!

준아가 매미처럼 운다~!!

준이 찾았다!

4 선생님 번호로 전화해서 내가 있는 곳을 말해도 좋은 방법이야.

선생님, 저 나무 근처인데요.

이러면 100점!
- 혼자 떨어져 있다면 울지 말고 침착하게!
- 전화할 수 있도록 선생님 번호를 잘 기억해 두면 좋아.
- 모이기로 약속한 곳에서 기다려야지.

스물일곱째 날, 빌려 간 내 물건을 돌려줘!

나 지우개 좀 빌려줄 수 있어?

어, 그, 그래.

비행기 그림 지우개

고마워~

이거 엄청 아끼는 지우개인데.

다음 날

앗, 글자 틀렸다.

사과를 아삭마삭

꼬질꼬질 지우개, 내 마음도 꼬질꼬질

2020년 ○월 ○일 화요일

친구가 내 지우개를 안 돌려준다.

돌려 달라고 말했더니 못생긴 지우개를 준다.

원래 흰색 지우개 같은데 왜 이렇게 새카맣지?

급해서 빌린 지우개로 지웠더니 내 공책이 지저분해졌다.

내 마음도 꼬질꼬질해졌다.

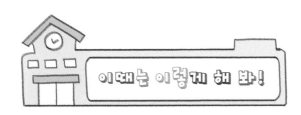

1 친구에게 빌려준 물건을 달라고 다시 이야기해 봐.

지난번에 빌려간 책~

2 친구가 바로 주지 못하면 약속을 다시 정하자.

내일은 돌려줘~

약속!

3 친구에게 물건을 빌려줄 때는 돌려받을 정확한 날짜를 정하자.

읽은 후!

하루 동안!

4 친구가 돌려주지 않으면 선생님의 도움을 받아야 해.

빌린 물건은 어서 돌려주세요.

힝...!!

이러면 100점!

- 내 물건을 돌려받을 때는 당당해도 괜찮아.
- 친구도 깜빡했을 수 있으니 차분하게 말해 봐.
- 물건을 빌려줄 때 언제나 정확히 약속해야 해.

143

145

내 발은 누가 밟은 거야?

2020년 ○월 ○일 수요일

오늘 복도에서 어떤 애가 내 발을 밟았다.

너무 아파서 소리를 질렀더니 그 애가 화를 냈다.

그러다 선생님한테 둘 다 혼났다. 발도 밟히고 혼도 나서

엄청 속상했다.

내가 먼저 그런 거 아닌데.

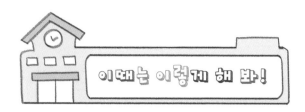

1 친구랑 싸우면 불편한 건 당연해. 서로 마음을 다쳤거든.

2 싸운 뒤로 시간이 지나면 마음이 조금씩 풀려.

그렇게 화내지 말걸.

3 먼저 잘못을 사과해 보자. 친구가 또는 내가 사과를 받아들이지 못하면 시간이 더 필요한 거니 너무 속상해하지 마.

오해하고 소리 질러서 미안해.

나도 미안!

이러면 100점!

- 싸운 뒤에는 친구와 어떻게 푸느냐가 정말 중요해.
- 솔직함을 담아 사과하면 예전처럼 지낼 수 있어.
- 사과를 받아들이기 힘들다면 시간이 필요하다고 친구에게 솔직하게 말해 봐.

147

스물아홉째 날, 왜 자꾸 놀리는 거야?

새 노트에
이름
적어야지.

김준

야, 김밥!

나 부르는 거야?
내 이름이 아닌데?

김밥 아니, 김준이야!

2020년 ○월 ○일 목요일

오늘 태준이가 "김밥, 김말이!"라고 계속 놀렸다.

너무 속상해서 아무 말도 못하고 집에서 엄마한테 일렀다.

엄마가 "태준이는 이씨니까 이쑤시개라고 해!" 하셨다.

그랬다가 또 김치전이라 놀리면 어쩌지?

이름 바꾸고 싶다, 슈퍼맨으로!

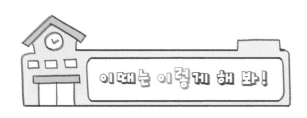

이때는 이렇게 해 봐!

1 친구가 자꾸 **놀리면 똑같이 놀리는** 말로 받아쳐 줘. 재치 있게 같이 놀려 주는 거야.

내가 왜 김밥이냐?
너는 이씨니까
이쑤시개야?

딩~

2 놀리는 친구들에게는 **그만 하라고, 싫다고** 강하게 말해!

놀리지 마!

3 그래도 안 되면 선생님과 같은 **어른의 도움**을 받아 봐.

친구를 놀리면
안 되죠?

이러면
100점!

○ 아예 못 들은 척 무시하는 방법도 좋아.
○ 화내는 모습이 재미있어서 더 놀리는 거거든.
○ 내가 당했을 때를 생각하면 친구를 이름으로
   놀리고 싶지 않을 거야.

151

짝꿍은 그림 천재?!

2020년 ○월 ○일 금요일

오늘 짝을 바꿨다.

새 짝은 말도 없고 안 친해서 불편하다.

새 짝이 내 얼굴을 그린 쪽지를 주었다!

내가 이렇게 예쁘게 생겼나?

앞으로 짝한테 매일 그려 달래야지!

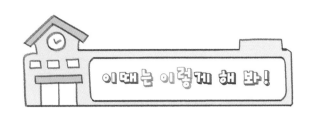

이때는 이렇게 해 봐!

1 잘 모르는 친구라면 충분히 어색하고 불편할 수 있어.

2 학교에서는 잘 맞는 친구랑만 지낼 수 없어.

모두가 생활하는 곳이거든.

3 새로운 친구에게는 우리가 잘 모르는 장점이 있어!

이러면 100점!

○ 친구가 불편하다고 직접 말하면 실례야.

○ 반대로 친구가 나를 싫다고 말하면 속상하지 않을까?

○ 친구의 장점이 여러분을 도와줄 수도 있어.

○ 모르는 친구와 두루 친해지면 학교생활이 즐거워져.

MEMO

선생님이나
친구들의 이름과
연락처를
적어 볼까나?

MEMO